Genußreiches Gesellschaftsspiel: Fondue

Fondre ist französisch und bedeutet schmelzen. Das trifft natürlich bei allen Käsefondues wörtlich zu. Wird dagegen Fisch, Fleisch oder Geflügel in Öl oder Brühe gegart, so stimmt der Begriff schmelzen nur in übertragenem Sinne, wenn die delikaten Ergebnisse dann auf der Zunge schmelzen! Für die Praxis: Eine Fondue mit Öl oder Brühe wird im Fonduekessel aus Metall zubereitet; wird Käse geschmolzen, so kommt der irdene Caquelon auf das Rechaud – den kleinen Tischkocher!

Übrigens: kJ und kcal unter jedem Rezept bedeuten Kilojoule und Kilokalorien. Die Umgangssprache sagt dazu Joule und Kalorien.

Geflügelfondue mit Ingwersauce

Mageres Geflügel in Brühe gegart, mit Ananas kombiniert.

Zutaten für 4 Personen:
4 Putenschnitzel zu je 100 g
4 Hühnerbrustfilets zu je 200 g
1 frische Ananas · 1 große eingelegte
Ingwerpflaume · 2 Eßl. Speisestärke
3 Eßl. Ingwersirup · 1½ l Geflügelbrühe
aus Würfeln · 2 Teel. Zitronensaft
4 Eßl. Sherry · je 1 Prise Salz und frisch
gemahlener weißer Pfeffer
1 Baguette (400 g)

- Zubereitungszeit: etwa 50 Minuten

1

Das Hühnerfleisch würfeln.

2

Die Ananas schälen (sie darf keine braunen Stellen mehr haben), in 3 cm dicke Scheiben schneiden, den harten Mittelkern herausschneiden und die Scheiben würfeln.

3

Die Ingwerpflaume sehr fein hacken. Die Speisestärke mit dem Sirup verrühren.

4

Für die Sauce ¼ l von der Geflügelbrühe abnehmen und zum Kochen bringen. Die angerührte Speisestärke einrühren, einmal aufwallen lassen und vom Herd nehmen. Die Sauce mit dem Ingwer, dem Zitronensaft, dem Sherry, dem Salz und dem Pfeffer pikant abschmecken.

5

Die restliche Geflügelbrühe auf dem Herd zum Kochen bringen. Die Rechaudflamme entzünden (Seite 18/19).

6

Das Rechaud zu Tisch bringen und die Brühe sacht kochen lassen. Die Sauce mit dem Geflügel und der Ananas anrichten.

7

Das Geflügelfleisch auf Fonduegabeln spießen, in der Brühe garen. Mit der Ananas, der Ingwersauce und dem Brot verzehren.

8

Nach dem Essen die Brühe in Suppentassen füllen und als »Nachtisch« reichen (Seite 18/19).

Pro Person etwa 3000 kJ/710 kcal
79 g Eiweiß · 7 g Fett · 84 g Kohlenhydrate

Geflügelfondue mit Ingwersauce

Tempura

Japanische Fondue mit Meerestieren und Gemüse.

Zutaten für 6 Personen:
2 Stangen junger Lauch (Porree)
12 kleine junge Möhren · 18 große
Champignons · 2 Teel. Zitronensaft
1 kleine Aubergine · 1 Eigelb · 250 g Mehl
1 Prise Natron · ½ l eiskaltes
Mineralwasser · 30 Shrimps · 2 Gläser
Miesmuscheln naturell (je 340 g)
300 g Seelachsfilet · 1 l geschmacksneutrales
Öl · 1 Baguette (400 g)

- Zubereitungszeit: etwa 1 Stunde

1

Den Lauch putzen, gründlich waschen, abtropfen lassen und in 1 cm breite Scheiben schneiden. Die Möhren schaben, waschen, abtropfen lassen und längs in Stifte schneiden.

2

Die Champignons putzen, abbrausen, abtropfen lassen und mit dem Zitronensaft beträufeln. Die Aubergine waschen, abtrocknen und ungeschält in ½ cm dicke Scheiben schneiden.

3

Das Eigelb mit dem Mehl, dem Natron und dem Mineralwasser verrühren. Den Teig zugedeckt 15 Minuten quellen lassen.

4

Die Shrimps, wenn nötig, aus den Krusten lösen, kalt abbrausen und abtropfen lassen. Die Muscheln ebenfalls abtropfen lassen. Den Fisch waschen, trockentupfen und in 3 cm große Stücke schneiden.

5

Das Öl auf dem Herd bis zum Rauchpunkt erhitzen (Seite 18/19). Die Rechaudflamme entzünden.

6

Das Rechaud mit dem Öl auf den Tisch stellen. Alle Zutaten hübsch arrangieren, das Brot in Scheiben schneiden.

7

Die Zutaten auf Fonduegabeln spießen und in den Teig tauchen; dann im Öl fritieren, bis die Teigkruste knusprig braun ist. Wahlweise mit frisch gemahlenem Pfeffer, Salz, Paprikapulver oder Kurkuma würzen.

Angaben ohne Berechnung des Öls
Pro Person etwa 2600 kJ/620 kcal
49 g Eiweiß · 12 g Fett · 76 g Kohlenhydrate

Tempura

Fondue bourguignonne

Die berühmte Fondue aus edelstem Rindfleisch und pikanten Beilagen.

Zutaten für 4 Personen:
Für die Preiselbeer-Meerrettich-Sauce:
200 g eingelegte Preiselbeeren
2 Eßl. Zitronensaft · 2 Eßl. möglichst
frisch geriebener Meerrettich
1 Teel. Ahornsirup oder Honig
100 g Crème fraîche
Für die Fondue: 800 g gut abgehangenes
Rinderfilet · 1 Baguette · 12 Cornichons
2 Eßl. Silberzwiebeln · 1 kleines Glas
Mixed-Pickles · 2 Eßl. scharfer Senf · Salz
weißer Pfeffer aus der Mühle
1 l geschmacksneutrales Öl

- Zubereitungszeit: etwa 1 Stunde

1

Die Preiselbeeren mit der Flüssigkeit durch ein Sieb streichen, mit dem Zitronensaft, dem Meerrettich, dem Ahornsirup oder dem Honig und der Crème fraîche verrühren. Die Sauce in eine Schale füllen.

2

Das Fleisch von allen Häuten und Sehnen befreien (Seite 18/19) und in etwa 3 cm große Würfel schneiden. Das Fleisch auf einer Platte anrichten.

3

Das Baguette in Scheiben schneiden und gefällig in einen Korb schichten.

4

Die Cornichons, die Silberzwiebeln, die Mixed-Pickles und den Senf in kleinen Schalen anrichten.

5

Alle Zutaten mit dem Salz und dem Pfeffer auf dem Tisch arrangieren.

6

Das Öl auf dem Herd bis zum Rauchpunkt erhitzen. Die Rechaudflamme anzünden (Seite 18/19).

7

Das Rechaud auf den Tisch stellen und das Öl auf dem Rechaud so heiß halten, daß es leicht raucht. Die Fleischwürfel auf Fondueqabeln spießen, im heißen Öl knusprig braun garen, nach Belieben würzen und mit den pikanten Beilagen, der Sauce und dem Baguette verzehren.

Angaben ohne Berechnung des Öls
Pro Person etwa 2000 kJ/480 kcal
41 g Eiweiß · 21 g Fett · 32 g Kohlenhydrate

Fondue bourguignonne

Neuenburger Käsefondue

Das ist die Ur-Fondue aus Neuchâtel (Neuenburg in der Schweiz). Alle anderen Fondues sind spätere Abwandlungen.

Zutaten für 4 Personen:
200 g Emmentaler Käse · 400 g Greyerzer Käse · 1 Knoblauchzehe · ½ l Weißwein aus Neuchâtel · 1 Teel. Zitronensaft
3 Teel. Speisestärke · 2 Eßl. kaltes Wasser
2 Schnapsgläser Kirschwasser (4 cl.) · frisch gemahlener schwarzer Pfeffer
800 g Baguette oder dünnes frisches Weißbrot, in Würfel geschnitten

- Zubereitungszeit: etwa 30 Minuten

1

Die beiden Käsesorten grobraspeln und gut mischen.

2

Die Knoblauchzehe schälen, halbieren und den Caquelon mit den Schnittflächen der Knoblauchzehe gut ausreiben.

3

Den Wein mit dem Zitronensaft in den Caquelon gießen und auf der Elektroplatte mit einem Drahtgitter darunter erhitzen. Den geraspelten Käse unter ständigem Rühren in dem Wein auflösen; das ergibt zunächst einen festen Kloß, der aber allmählich schmilzt. Die Käsemasse unter ständigem Rühren zum Kochen bringen.

4

Die Speisestärke mit dem Wasser anrühren und die Käsemasse damit binden, noch einmal aufwallen lassen und vom Herd nehmen.

5

Die Rechaudflamme anzünden. Das Rechaud mit dem Caquelon auf den Tisch bringen. Die Flamme so regulieren, daß der Käse kleine Blasen wirft. Mit einem Holzlöffel den Käse in Form einer Acht rühren. Das Kirschwasser hinzufügen und die Fondue pfeffern.

6

Die Brotwürfel auf eine Fonduegabel spießen und in den Käse tunken. Beim Herausnehmen drehen, damit der Käse nicht tropft. Vorsicht, der Käse ist sehr heiß.

7

Wichtig: Jeder Teilnehmer an der Fonduerunde muß mit seinem Brotwürfel den warmen Käse im Caquelon gut umrühren.

Pro Person etwa 4100 kJ/980 kcal
41 g Eiweiß · 48 g Fett · 52 g Kohlenhydrate

Neuenburger Käsefondue

Gemischte Fleischfondue mit Bouillon

Diese Fondue ist nicht kalorienreich, weil nur mageres Fleisch in Bouillon gegart wird.

Zutaten für 4 Personen:
Für die Avocadosauce: 2 reife Avocados
2 Teel. Zitronensaft · 2 große
Knoblauchzehen · 1 Teel. Salz
1 Messerspitze Chilipulver
½ Teel. Zucker · 8 Eßl. Sahne
2 Eßl. Schnittlauchröllchen
Für die Fondue: 400 g Schweinefilet
400 g Kalbsschnitzel · 200 g möglichst
kleine Champignons · 400 g Zucchini
1½ l Bouillon, selbst gekocht oder aus
Würfeln · gemischtes Brot nach Belieben

- Zubereitungszeit (ohne Anfrierzeit): etwa 50 Minuten

1

Die Avocados längs halbieren, entkernen, das Fruchtfleisch auslösen, den Zitronensaft zugeben, mit einer Gabel zerdrücken.

2

Den Knoblauch schälen, kleinhacken, mit den Gewürzen, der Sahne und dem Schnittlauch unter die Avocadomasse rühren.

3

Das Fleisch abbrausen, abtrocknen, von Häutchen und Sehnen befreien und im Gefrierfach anfrieren lassen (Seite 18/19). Dann in hauchdünne Scheiben schneiden.

4

Die Champignons putzen und abbrausen. Die Zucchini waschen, abtrocknen und würfeln. Alles auf einer Platte anrichten.

5

Die Bouillon auf dem Herd in einem Topf bis zum Siedepunkt erhitzen (Seite 18/19).

6

Die Rechaudflamme anzünden und das Rechaud zu Tisch bringen. Die Brühe in den Fonduetopf füllen und die Flamme so regulieren, daß die Brühe am Sieden bleibt.

7

Jeweils 1 Fleischscheibe, 1 Champignon und 1 Zucchinistückchen auf die Gabel spießen und in der Brühe garen. Die Sauce und Brot dazu essen.

8

Nach dem Essen die Brühe in Suppentassen füllen und als »Nachtisch« reichen (Seite 18/19).

Pro Person etwa 2500 kJ/600 kcal
45 g Eiweiß · 41 g Fett · 11 g Kohlenhydrate

Gemischte Fleischfondue mit Bouillon

Chinesische Fondue

Die Idee kommt vom chinesischen Feuertopf, er wird jedoch durch den Fonduekessel ersetzt.

Zutaten für 4 Personen:
Für die Mangosauce: 1 große vollreife Mango · 1 süßer Apfel · Saft von 1 großen Zitrone · je 2 Messerspitzen Salz und Cayennepfeffer · je 1 Teel. scharfer Senf und geriebener Meerrettich
4 Eßl. Salatmayonnaise · 1–2 Eßl. Honig
Für die Fondue: 200 g Rinderfilet
200 g Kalbsfilet · 200 g Schweinefilet
400 g Hühnerbrüste · 1½ l Geflügelbrühe, selbst gekocht oder aus Würfeln
4 Eßl. ostasiatische Sojasauce
1 Messerspitze Ingwerpulver
8 Eßl. Sherry fino

- Zubereitungszeit (ohne Anfrierzeit): etwa 50 Minuten

1

Die Mango schälen, das Fruchtfleisch in dünnen Spalten vom Stein schneiden und sehr klein würfeln. Den Apfel schälen, vierteln, vom Kerngehäuse befreien, feinraspeln und mit den Mangowürfeln vermischen.

2

Das Fruchtmus mit den angegebenen Zutaten zu einer süß-sauren Sauce mischen.

3

Das Fleisch abbrausen, abtrocknen, von Häutchen und Sehnen befreien und im Gefrierfach anfrieren lassen (Seite 18/19). Dann in sehr dünne Scheiben schneiden. Die Hühnerbrüste von Haut und Knochen befreien und in dünne Scheiben schneiden.

4

Die Geflügelbrühe auf dem Herd zum Kochen bringen (Seite 18/19).

5

Die Rechaudflamme anzünden und das Rechaud zu Tisch bringen. Die Brühe mit der Sojasauce, dem Ingwerpulver und dem Sherry mischen, in den Fonduetopf gießen und auf das Rechaud stellen. Die Flamme so regulieren, daß die Brühe am Sieden bleibt.

6

Die Fleischstückchen aufspießen, in der Brühe garen und mit der Mangosauce verzehren. Chinesisches Salzgebäck oder Cracker dazu reichen.

7

Nach dem Essen die Brühe in Suppentassen füllen und als »Nachtisch« reichen (Seite 18/19).

Pro Person etwa 2000 kJ/480 kcal
53 g Eiweiß · 17 g Fett · 24 g Kohlenhydrate

Chinesische Fondue

Italienische Fonduta

Ebenfalls eine würzige Käsefondue mit italienischen Käsesorten.

Zutaten für 4 Personen:
300 g Provolonekäse · 200 g Champignons
1 Baguette (400 g)
300 g Rahm-Gorgonzolakäse · ⅛ l Milch
2 Eier · 2 Eßl. Butter · ½ Teel. frisch
gemahlener weißer Pfeffer · ⅛ l Asti
Spumante oder italienischer Weißwein

- Zubereitungszeit: etwa 30 Minuten

1

Den Provolone auf einer Rohkostreibe zu großen Locken raspeln.

2

Die Champignons putzen, abbrausen und abtropfen lassen. Die Pilze in dünne Scheibchen schneiden. Das Weißbrot in nicht zu kleine Würfel schneiden.

3

Den Provolone in einem irdenen Fonduetopf, dem Caquelon, bei sehr schwacher Hitze auf dem Herd, möglichst über einem Drahtgitter, schmelzen lassen.

4

Den Gorgonzola in kleine Stückchen teilen, dazugeben und gut unterrühren.

5

Die Milch mit den Eiern verquirlen und langsam unter die warme Käsemasse rühren. Die Hitze darf dabei nicht 60° übersteigen, da sonst die Eier gerinnen.

6

Die Butter in Flöckchen schneiden und nach und nach mit dem Pfeffer und den Champignonscheibchen unter die Käsemasse rühren. Zuletzt den Asti Spumante unter die Fondue rühren.

7

Die Rechaudflamme anzünden und das Rechaud zu Tisch bringen. Den Caquelon auf das Rechaud stellen und die Flamme so regulieren, daß die Käsemasse heiß bleibt, aber keinesfalls kocht (Seite 18/19).

8

Die Brotwürfel auf Fonduegabeln spießen, in die Käsemasse tauchen und dabei gut umrühren, damit sie sich vollsaugen.

Pro Person etwa 4400 kJ/1000 kcal
51 g Eiweiß · 66 g Fett · 53 g Kohlenhydrate

Italienische Fonduta

So wird's gemacht

1

Fleisch richtig vorbereiten

1 Die Häutchen auf der Fleischoberseite etwas anheben, mit einem spitzen Messer mit sehr dünner Klinge darunterfahren und in kleinen Schnitten abtrennen.

2 Das Fleischstück, in Alufolie gewickelt, im Gefrierfach des Kühlschranks in 30 bis 40 Minuten sehr hart werden lassen.

3 Das Fleisch läßt sich dann leicht in Würfel oder in Scheibchen schneiden.

1

Brühe oder Öl für die Fondue erhitzen

1 Das Öl auf dem Herd in einem gewöhnlichen Topf bis zum Rauchpunkt erhitzen; Brühe zum Kochen bringen.

2 Die Rechaudflamme anzünden und das Rechaud auf den Tisch stellen. Das Öl oder die Brühe in den Fonduekessel gießen, auf das Rechaud stellen und die Flamme so regulieren, daß die Brühe kurz vor dem Siedepunkt gehalten wird; das Öl leicht raucht.

3 Nach dem Fondueessen wird die Brühe in kleinen Suppentassen gereicht. Öl wird zum Kochen und Braten weiterverwendet.

1

Selbst bereitete Bouillon

1 200 g Suppenknochen, 500 g Rindernakken oder Spannrippe waschen und abtropfen lassen. Die Knochen 5 Minuten sprudelnd kochen lassen, in ein Sieb gießen und abbrausen.

2 Die Knochen, das Fleisch, 1½ Teel. Salz, 1 Bund geputztes Suppengrün, 2 Petersilienstengel, ½ Zwiebel und 4 Pfefferkörner mit 2 l Wasser aufkochen und bei schwacher Hitze 2 Stunden kochen lassen; den Topf bis auf einen Spalt breit zudecken.

3 Die Fonduebrühe durch ein Sieb gießen und kräftig abschmecken.

2

3

2

3

2

3

Bagna cauda

Die italienische Gemüsefondue – übersetzt heißt sie »heißes Bad« – wird vor allem Freunde von knackigem, fast rohem Gemüse begeistern.

Zutaten für 4 Personen:
400 g Broccoli · 2 l Wasser · 1 Teel. Salz
400 g Staudensellerie · 2 große grüne
Paprikaschoten · 300 g Artischockenherzen
aus dem Glas · 6 Knoblauchzehen
10 Sardellenfilets · ³⁄₈ l Olivenöl
⅛ l Sahne · 800 g Stangenweißbrot oder
Baguette

- Zubereitungszeit: etwa 45 Minuten

1

Den Broccoli putzen und waschen, die Stiele schälen und ihre Enden etwas kürzen. Das Wasser mit dem Salz aufkochen, den Broccoli 3 Minuten darin kochen lassen und dann in einem Sieb abschrecken.

2

Den Staudensellerie von den harten Fasern befreien, kalt abspülen und in etwa 5 cm lange Stücke schneiden. Die Paprikaschoten vierteln, Trennwände und Kerne entfernen und waschen; dann in etwa 2 cm breite und 5 cm lange Streifen schneiden. Die Artischocken abtropfen lassen und halbieren. Alles Gemüse auf einer Platte anrichten.

3

Die Knoblauchzehen schälen und mit den Sardellenfilets feinhacken.

4

3 Eßlöffel vom Öl in einem Topf erhitzen und den Knoblauch unter Umwenden darin glasig braten, aber nicht bräunen lassen. Die Sardellenstückchen hinzufügen, mit anbraten und nach und nach das restliche Olivenöl unter Rühren dazugießen.

5

Wenn das Olivenöl heiß ist, nach und nach die Sahne hineinrühren. So lange rühren, bis die Sauce leicht gebunden ist.

6

Die Rechaudflamme anzünden und das Rechaud zu Tisch bringen (Seite 18/19). Die Ölsauce auf dem Rechaud heiß halten.

7

Das Weißbrot in nicht zu kleine Würfel schneiden und mit dem Gemüse servieren.

8

Das Gemüse auf Fonduegabeln spießen und in der heißen Sauce ganz nach Belieben garen oder nur aromatisieren.

Pro Person etwa 5700 kJ/1400 kcal
20 g Eiweiß · 110 g Fett · 72 g Kohlenhydrate

Bagna cauda

Gemüsefondue mit Brühe

Eine äußerst schmackhafte Fondue, kombiniert mit der berühmten Aioli-Sauce.

Zutaten für 4 Personen:
Für die Aioli-Sauce: 1 Brötchen
6 Knoblauchzehen · 2 Eigelbe
¼ l Olivenöl · 2 Messerspitzen Salz
1 Messerspitze frisch gemahlener weißer Pfeffer · einige Tropfen Zitronensaft nach Geschmack
Für die Fondue: 400 g kleine Zucchini
300 g gelbe Paprikschoten · 1 kleiner Kopf Blumenkohl · 1 große Kohlrabiknolle
4 Frühlingszwiebeln · 1½ l Gemüsebrühe aus Würfeln · 2 Eßl. Hefeflocken (Reformhaus) · 800 g gemischtes Brot

- Zubereitungszeit: etwa 1 Stunde

1

Die weiche Krume aus dem Brötchen herauslösen und in kaltem Wasser einweichen. Die Knoblauchzehen schälen, sehr klein würfeln und zuletzt mit der Messerklinge zerdrücken. Das Brot gut ausdrükken, in eine Schüssel geben und mit den Eigelben und dem Knoblauch vermischen.

2

Das Olivenöl in einem sehr dünnen Strahl nach und nach zur Brot-Ei-Mischung gießen und so lange rühren, bis eine mayonnaisenartige Masse entsteht. Die Aioli-Sauce mit dem Salz, dem Pfeffer und etwas Zitronensaft abschmecken und anrichten.

3

Die Zucchini waschen, abtrocknen, in große Würfel schneiden, dabei die Enden abschneiden. Die Paprikaschoten vierteln, Trennwände und Kerne entfernen, waschen und in Stücke schneiden.

4

Den Blumenkohl in Röschen teilen, waschen und abtropfen lassen. Den Kohlrabi schälen, waschen und in Stifte schneiden. Die Zwiebeln putzen, waschen und in Stücke schneiden. Das Gemüse auf einer Platte anrichten.

5

Die Gemüsebrühe auf dem Herd erhitzen und mit den Hefeflocken verrühren. Das Brot in Scheiben schneiden.

6

Die Rechaudflamme anzünden, das Rechaud auf den Tisch bringen, die Brühe in den Fonduekessel füllen (Seite 18/19) und leicht kochend halten. Das Gemüse in der Brühe garen (es soll noch knackig sein); das Brot und die Aioli-Sauce dazu essen.

Pro Person etwa 5100 kJ/1200 kcal
24 g Eiweiß · 69 g Fett · 120 g Kohlenhydrate

Gemüsefondue mit Brühe

Fischfondue

Für diese bekömmliche Fondue sollte man den Fisch möglichst erst wenige Stunden vor der Zubereitung einkaufen.

Zutaten für 4 Personen:
Für die Remouladensauce: 1 kleine
Zwiebel · 1 kleine Gewürzgurke
1 Sardellenfilet · 2 Teel. Kapern
je 2 Zweige Petersilie, Kerbel und
Estragon · 100 g Salatmayonnaise
Salz und frisch gemahlener weißer
Pfeffer nach Geschmack · 1 Teel. Senf
1 Prise Zucker
Für die Fondue: 400 g Fischabschnitte
(Flossen, Köpfe, Schwänze) · 1 Teel. Salz
½ Teel. Fenchelsamen · 2 l Wasser
1 kleine Zwiebel · 2 Gewürznelken
4 weiße Pfefferkörner · 1 kg Seefischfilet
600 g Weißbrot oder Vollkorn-Toastbrot

- Zubereitungszeit: etwa 50 Minuten

1

Die Zwiebel schälen und mit der Gewürzgurke und dem Sardellenfilet kleinwürfeln. Die Kapern kleinschneiden. Die Kräuter waschen, trocknen und feinhacken.

2

Die Mayonnaise mit den kleingeschnittenen Zutaten mischen und mit Salz, Pfeffer, dem Senf und dem Zucker abschmecken.

3

Die Fischabschnitte gründlich waschen, mit dem Salz, den Fenchelsamen und dem Wasser in einem großen, offenen Topf zum Kochen bringen.

4

Inzwischen die Zwiebel schälen, halbieren und in jede Hälfte 1 Gewürznelke stecken. Mit den Pfefferkörnern in die Fischbrühe geben. Im offenen Topf weitere 30 Minuten leicht kochen lassen.

5

Den Fisch abbrausen, trocknen, in 4 cm große Stücke schneiden und auf einer Platte anrichten. Das Brot würfeln.

6

Die Rechaudflamme anzünden und das Rechaud auf den Tisch stellen. Die Fischbrühe durch ein Sieb in den Fonduekessel gießen und kurz unter dem Siedepunkt halten (Seite 18/19).

7

Die Fischstücke aufspießen, in der Brühe garen. Die Remouladensauce und das Brot dazu reichen.

Pro Person etwa 2500 kJ/600 kcal
53 g Eiweiß · 17 g Fett · 53 g Kohlenhydrate

Fischfondue

Griechische Fondue

Obgleich es sich um eine Fondue mit Olivenöl handelt, ist sie bekömmlich, denn Hauptzutaten sind verschiedene Gemüse und eine Joghurtsauce.

Zutaten für 4 Personen:
Für die Joghurtsauce: 20 Walnußkerne
1 kleine Zwiebel · 3 Knoblauchzehen
1 Bund Dill · ½ Bund Schnittlauch
½ Teel. Salz · 2 Messerspitzen frisch gemahlener weißer Pfeffer
200 g griechischer Joghurt · 1 Eßl. Olivenöl
Für die Fondue: 300 g möglichst kleine Auberginen · 300 g möglichst kleine Zucchini · 2 Eßl. Salz · 200 g Salatgurke
100 g schwarze Oliven · 8 Eßl. Mehl
1 Teel. Salz · 2 Messerspitzen weißer Pfeffer · 1 l Olivenöl · 1 Baguette (400 g)

- Zubereitungszeit: etwa 1 Stunde

1

Die Walnußkerne kleinhacken. Die Zwiebel und die Knoblauchzehen schälen und beides klein würfeln. Die Kräuter waschen, trockenschwenken und kleinschneiden.

2

Für die Joghurtsauce die gehackten Nüsse, die Zwiebel- und Knoblauchwürfel, die Kräuter, das Salz und den Pfeffer mit dem Joghurt und dem Olivenöl verrühren.

3

Die Auberginen und die Zucchini waschen, abtrocknen, die Stielansätze entfernen. Die Auberginen würfeln, mit dem Salz bestreuen und Saft ziehen lassen. Die Zucchini ebenfalls würfeln. Die Gurke waschen, abtrocknen, schälen, längs halbieren und in ½ cm dicke Scheiben schneiden.

4

Den Saft der Auberginen abgießen, die Auberginen kurz kalt abbrausen, abtropfen lassen und mit dem restlichen Gemüse und den Oliven auf einer Platte anrichten.

5

Das Mehl mit dem Salz und dem Pfeffer mischen und in vier Schälchen verteilen.

6

Das Olivenöl auf dem Herd bis zum Rauchpunkt erhitzen. Die Rechaudflamme entzünden und das Rechaud zu Tisch bringen. Das Öl in den Fonduekessel gießen und auf dem Rechaud heiß halten (Seite 18/19).

7

Das Gemüse aufspießen, leicht in dem Mehl wenden und im Öl garen. Die Joghurtsauce und das Brot dazu reichen.

Angaben ohne Berechnung des Öls
Pro Person etwa 3600 kJ/860 kcal
23 g Eiweiß · 49 g Fett · 82 g Kohlenhydrate

Griechische Fondue

Hackfleischklößchen-Fondue

Eine preiswerte Fondue, aber raffiniert durch die Apfelsauce.

Zutaten für 4 Personen:

Für die Apfelsauce: 500 g säuerliche Äpfel · 1 Eßl. Butter · 2 Eßl. Zucker
⅛ l Wasser · ½ Stange Zimt · 1 Prise Salz
2 Teel. scharfer Senf

Für die Fondue: 1 Brötchen · ¼ l Wasser
½ Zwiebel · 500 g gemischtes Hackfleisch
1 Ei · 1 Eßl. gehackte Petersilie
1 Teel. Salz · 2 Messerspitzen frisch gemahlener weißer Pfeffer · 1 Messerspitze geriebene Muskatnuß · 1½ l Fleischbrühe, selbst gekocht (Seite 18/19) oder aus Brühwürfeln

- Zubereitungszeit: etwa 1 Stunde

1

Die Äpfel waschen, vierteln, vom Kerngehäuse befreien und kleinwürfeln.

2

Die Butter mit dem Zucker unter ständigem Rühren erhitzen und goldgelb werden lassen. Die Apfelstückchen mit dem Wasser, der Zimtstange und dem Salz hinzufügen und alles zugedeckt bei schwacher Hitze 30 Minuten leicht kochen lassen.

3

Die Äpfel durch ein Sieb in eine Schüssel passieren und mit dem Senf kräftig abschmecken. Die Sauce kühl stellen.

4

Das Brötchen in 4 Stücke brechen und mit dem Wasser bedeckt einweichen. Die Zwiebel schälen und sehr fein hacken. Das Hackfleisch in einer Schüssel mit dem Ei, der Petersilie, dem Salz, dem Pfeffer, dem Muskat, den Zwiebelwürfeln und dem gut ausgedrückten Brötchen mischen.

5

Den Fleischteig gründlich durchkneten, mit nassen Händen walnußgroße Klößchen formen und auf eine Platte legen.

6

Die Fleischbrühe auf dem Herd zum Kochen bringen. Die Rechaudflamme anzünden und das Rechaud zu Tisch bringen. Die Fleischbrühe in den Fonduekessel schütten und auf dem Rechaud auf dem Siedepunkt halten (Seite 18/19).

7

Die Fleischklößchen aufspießen und in der Brühe garen, bis sie nicht mehr dunkelrot, sondern hellgrau sind. Man reicht beliebiges Brot und die Apfelsauce dazu.

Pro Person etwa 2300 kJ/550 kcal
30 g Eiweiß · 32 g Fett · 33 g Kohlenhydrate

Hackfleischklößchen-Fondue

Fondue mit Meeresfrüchten

Eine kostspielige Fondue, die jedoch für Kenner ein festlicher Genuß sein wird.

Zutaten für 4 Personen:

Für die Sauce hollandaise: 125 g Butter · 2 kleine Eigelbe · 1 Eßl. Wasser · 1 Eßl. Weinessig · 1 Prise frisch gemahlener weißer Pfeffer · 2 Messerspitzen Salz · 1 Prise Cayennepfeffer · einige Tropfen Zitronensaft

Für die Fondue: 400 g gekochte ausgelöste Garnelen · 1 Glas Miesmuscheln naturell (340 g) · 16 gekochte ausgelöste Scampi · 600 g Seezungenfilet · 1 l Öl · 1 Baguette (400 g) · Russian Dressing (fertige Cocktailsauce)

- Zubereitungszeit: etwa 1 Stunde

1

Die Butter bei sehr schwacher Hitze zerlassen, aber kaum erhitzen.

2

Die Eigelbe mit dem Wasser, dem Essig, dem Pfeffer, dem Salz und dem Cayennepfeffer in einem kleinen Topf verquirlen. Diesen Topf in einen größeren Topf mit heißem Wasser stellen und die Eigelbe darin so lange rühren, bis eine cremige Masse entsteht. (Das Wasser im Wasserbad darf nicht kochen. Etwas kaltes Wasser bereitstellen und nötigenfalls ein wenig nachgießen.)

3

Die zerlassene Butter teelöffelweise unter die Eigelbcreme rühren und die Sauce zuletzt mit dem Zitronensaft und wenn nötig mit noch etwas Salz abschmecken. In eine Sauciere füllen und heiß halten.

4

Die Garnelen, die Muscheln die Scampi und die Seezungenfilets kalt abbrausen, trockentupfen und auf einer Platte anrichten; die Seezungenfilets in dünne Scheiben schneiden und zu Röllchen formen.

5

Das Öl auf dem Herd bis zum Rauchpunkt erhitzen. Die Rechaudflamme entzünden und das Rechaud zu Tisch bringen (Seite 18/19). Das heiße Öl in den Fonduekessel gießen und auf dem Rechaud heiß halten.

6

Die Meeresfrüchte auf Fonduegabeln spießen und im heißen Öl garen. Die Sauce hollandaise, das Russian-Dressing und das Weißbrot dazu essen.

Angaben ohne Berechnung des Öls
Pro Person etwa 4300 kJ/1000 kcal
87 g Eiweiß · 52 g Fett · 52 g Kohlenhydrate

Fondue mit Meeresfrüchten

Raclette

Für die Zubereitung dieser Schweizer Spezialität gibt es spezielle elektrische Tischgeräte mit Portionspfännchen.

Zutaten für 4 Personen:
1 kg kleine mehligkochende Kartoffeln
200 g Cornichons · 100 g Salami in
dünnen Scheiben · 50 g geräucherter
durchwachsener Speck in dünnen
Scheiben · 600 g Walliser Raclettekäse

- Zubereitungszeit: etwa 50 Minuten

1

Die Kartoffeln unter fließendem kaltem Wasser gründlich bürsten, in einen Topf geben und von heißem Wasser bedeckt zum Kochen bringen. Die Kartoffeln in etwa 35 Minuten, je nach Größe, garen.

2

Die Cornichons in einer Schale anrichten.

3

Die Salamischeiben und die Speckscheiben gefällig auf einer Platte anrichten und zu Tisch bringen.

4

Den Käse in etwa ½ cm dicke Scheiben schneiden und ebenfalls anrichten.

5

Die gegarten Kartoffeln abgießen, ausdämpfen lassen und in einem Korb, in ein Tuch eingeschlagen, anrichten, damit sie heiß bleiben.

6

Das Raclettegerät auf den Tisch stellen und einschalten. In jedes Pfännchen so viel Käsescheiben legen, daß der Boden bedeckt ist. Dann die Pfännchen in das Gerät schieben und den Käse schmelzen lassen.

7

Den Käse aus dem Pfännchen auf den Teller schaben und zu den ungeschälten Kartoffeln essen. Mit der Salami, dem Speck und den Cornichons »würzen«.

8

Zum Raclette wird ein Schweizer Rotwein getrunken oder heißer schwarzer Tee mit einem Gläschen Kirschwasser dazu.

Pro Person etwa 4100 kJ/980 kcal
49 g Eiweiß · 66 g Fett · 43 g Kohlenhydrate

Raclette

6. Auflage 1994

Farbfotos: Fotostudio Teubner
Reproduktion: SKU Reproduktionen GmbH
Gesamtherstellung: Ludwig Auer GmbH
ISBN 3-7742-5845-7

Für Fondues findet man eine reiche Auswahl

an hübschem und praktischem Zubehör. Dazu gehören Fondueteller in allen Farben mit den Unterteilungen für die verschiedenen Saucen; Fonduegabeln; allerlei Schälchen und Gewürzmühlen. Achten Sie beim Kauf der Gabeln auf Griffe aus Kunststoff oder Holz, denn Metallgriffe werden unerträglich heiß. Für eine Fisch- oder Fleischfondue braucht man pro Person zwei zweizinkige Gabeln, für eine Käsefondue nur eine Gabel mit drei Zinken.

Fondues – leicht gemacht

Schritt-für-Schritt beschrieben und ganz einfach zu machen: verlockende Rezepte wie Fondue bourguignonne · Neuenburger Käsefondue · Italienische Fonduta · Geflügelfondue mit Ingwersauce… Jedes Rezept in Farbe und von GU doppelt geprüft.

ISBN 3-7742-5845-7

9 783774 258457

GU GRÄFE UND UNZER